1792 - 1892

LE 22 SEPTEMBRE

Centenaire de la République

PAR

HIPPOLYTE BUFFENOIR

Membre de la Société des Gens de Lettres

La vérité brûle en silence dans tous les cœurs, comme une lampe ardente dans un tombeau.

SAINT-JUST.

Prix : 50 centimes

PARIS
L. SAUVAITRE, ÉDITEUR
72, boulevard Haussmann, 72

1892

1792-1892

LE 22 SEPTEMBRE

Centenaire de la République

PAR

HIPPOLYTE BUFFENOIR

Membre de la Société des Gens de Lettres

> La vérité brûle en silence dans tous les cœurs, comme une lampe ardente dans un tombeau.
>
> SAINT-JUST.

PARIS

L. SAUVAITRE, ÉDITEUR

72, boulevard Haussmann, 72

—

1892

LE 22 SEPTEMBRE

I

Un grand Jour
Ce qu'il enseigne au Peuple

Le 22 Septembre ! — Date illustre dans nos annales politiques ! Ce jour-là, en 1792, le monde apprit que la Convention nationale, siégeant la veille, 21 Septembre, pour la première fois, avait décrété l'abolition de la Royauté en France. Cet acte mémorable est la raison d'être de la Fête Nationale qu'on célèbre aujourd'hui.

Dans les circonstances graves que nous traversons, à la veille de l'année 1893, qui amènera avec elle les élections municipales de Paris, et les élections législatives de tout le pays, en présence de la marée montante du Socialisme, et des grondements sourds d'une Révolution nouvelle, presque inévitable, il convient de s'arrêter un moment à cette date glorieuse, qui a vu s'effondrer la monarchie, et se lever, à l'horizon des temps modernes, le soleil radieux de la République.

L'Histoire ne doit pas être seulement une résurrection,

propre à satisfaire notre curiosité : Il importe surtout qu'elle soit un enseignement, destiné à fortifier nos convictions, et à nous donner le courage de l'action utile.

Donc, que les militants du Progrès, que les esprits et les cœurs, tourmentés par le sentiment de la Justice immanente, se souviennent de la mâle et superbe énergie de nos pères de 92, et, quand le jour sera venu, qu'ils détruisent les abus sociaux qui nous dévorent, comme ces vaillants de la grande époque ont déraciné, d'un seul coup d'épaule, une monarchie de douze cents ans.

Ils nous ont donné l'égalité politique : Nous n'avons pas à recommencer leur tâche. La mission qui nous incombe est de créer et de proclamer l'égalité sociale.

Avoir des droits théoriques, écrits seulement dans une Constitution, reconnus par un pacte social, par les lois, c'est quelque chose ; mais, la grande affaire, c'est de pouvoir les exercer dans la réalité.

Autrement, que sommes-nous ! — En apparence des hommes libres ; en fait des dupes et de pauvres esclaves. Dites donc à un malheureux, qui ne sait pas lire, de comprendre et d'admirer les poésies de Lamartine et de Victor Hugo ! C'est son droit cependant. O misère implacable ! O cruautés de l'ignorance !

Voilà ce qui doit occuper la démocratie active et clairvoyante. Voilà la leçon de haute raison, qui ressort de la journée du 22 Septembre. Nous n'arriverons au but que par les mêmes qualités civiques, les mêmes vertus que possédaient nos pères, et qui sont de tous les temps, de toutes les époques, l'énergie, le désintéressement, le courage, le langage stoïque, le mépris de la mort, ce que Louis Blanc appelle « l'enthousiasme du cerveau. »

Sans ces nobles vertus, qui entraînent les masses, et parlent à l'humanité, les plus belles formules sont vouées aux vaines disputes, à la haine et au néant.

II

La Convention

Le 21 Septembre 1792

Rien donc n'apparaît, dans l'Histoire, avec la grandeur simple de cette séance d'ouverture de la Convention. Jamais, dans aucun pays, sous aucun ciel, assemblée d'hommes n'affirma le Droit avec une telle force, une telle sérénité Jamais, il n'y eut, dans le monde, un tel élan vers la Justice. De son premier coup d'aile, la Convention abat la royauté dans la poussière.

C'est que, sur ses bancs, siègent des hommes, qui s'appellent Danton, Camille Desmoulins, Collot d'Herbois, Grégoire, Louvet, Vergniaud, Barbaroux, Billaud-Varennes, Barère, Prieur, Lindet, Couthon, Marat, Tallien, Anacharsis Clootz, Hérault de Séchelles, Hébert, Saint-Just, Robespierre, et combien d'autres ayant de la tête et du cœur! Géneration admirable, qui nous fît ce que nous sommes, qui vécut et mourut pour une idée, avec la passion du Beau, le culte de l'héroïsme, et avec l'enthousiasme de la jeunesse !

Ouvrons le *Moniteur universel*, le Journal officiel de l'époque, et parcourons cette page immortelle, qui conserve à la postérité les éloquentes paroles des fondateurs de la République française.

La séance est ouverte. Découvrez-vous, citoyens ! Pétion occupe le fauteuil de la présidence. Manuel, un zélé de mauvais aloi, qui eut de meilleurs moments, est à la tribune. Voici ce qu'il débite :

— « Je demande, dit-il, que le président de la France soit logé dans le palais national; que les attributs de la loi et de la force soient toujours à ses côtés, et que, toutes les fois qu'il ouvrira la séance, tous les citoyens se lèvent; cet hommage rendu à la souveraineté du peuple rappellera sans cesse nos droits et nos devoirs. »

Manuel, en cette circonstance, tint le langage des esprits superficiels, des ambitieux vulgaires qui rêvent d'en imposer à la foule par de vaines cérémonies, qui se donnent tout d'abord des airs de Brutus pour capter les suffrages, qui répandent le soupçon et la calomnie sur les meilleurs citoyens, puis qu'on trouve un matin logés dans le palais de César, couchés dans son lit, et entourés de sa valetaille lâche et vile. De la République, cette vierge pure, ils feraient une immonde courtisane. Combien déjà nous en avons vu, de ces sinistres corrupteurs, qui tombent tous, tôt ou tard, sous le mépris universel et la risée publique!

Manuel méritait une leçon. Tallien va la lui donner.

— « Ce n'est pas sans étonnement, s'écrie ce dernier, que j'entends discuter ici sur un cérémonial. Il ne peut pas être mis en question si, hors de ses fonctions, le président de la Convention aura une représentation particulière. Hors de cette salle, il est simple citoyen. Si on veut lui parler, on ira le chercher au troisième, au cinquième étage : C'est là où loge la vertu. Je demande la question préalable sur la proposition de Manuel. Elle est indigne des représentants du peuple, et ne doit jamais être reproduite. »

Ainsi parla Tallien, avec la juste colère qu'on doit aux politiciens frivoles ou corrompus. L'Assemblée rejeta à l'unanimité la proposition de Manuel.

III

Danton, Collot d'Herbois Grégoire, Ducos

La discussion s'engage ensuite sur une Constitution, un Gouvernement à donner à la France. Danton se lève et, de sa voix formidable qui faisait trembler la voûte des Cordeliers, il dit :

— « Il ne peut exister de Constitution que celle qui sera textuellement, nominativement acceptée par la majorité des assemblées primaires. Voilà ce que vous devez déclarer au peuple. Après cette déclaration, vous en devez faire une autre, qui n'est pas moins importante pour la liberté et pour la tranquillité publique.

« Jusqu'ici, on a agité le peuple, parce qu'il fallait lui donner l'éveil contre les tyrans. Maintenant, il faut que les lois soient aussi terribles contre ceux qui y porteraient atteinte, que ce peuple l'a été en foudroyant la tyrannie. Il faut qu'elles punissent tous les coupables, pour que le peuple n'ait rien à désirer. » (*Applaudissements.*)

Enfin, voici Collot d'Herbois et l'abbé Grégoire qui vont apporter de la netteté dans la discussion.

Collot d'Herbois. — « Vous venez de prendre une délibération sage ; mais il en est une que vous ne pouvez remettre à ce soir, que vous ne pouvez différer un seul instant, sans être infidèles au vœu de la nation, c'est l'abolition de la Royauté. » (*Il s'élève des applaudissements unanimes.*)

Quinette, un centre-gauche de l'époque, un timide crapaud du Marais, un dangereux opportuniste, croit, lui, « qu'il est inutile de s'occuper, en ce moment, de la proposition du préopinant. »

Grégoire. — « Certes, personne de nous ne proposera jamais de conserver, en France, la race funeste des rois ; nous savons trop bien que toute les dynasties n'ont jamais été que des races dévorantes qui ne vivaient que de chair humaine.

« Mais il faut pleinement rassurer les amis de la liberté. Il faut détruire ce talisman magique dont la force serait propre à stupéfier encore bien des hommes. Je demande donc que, par une loi solennelle, vous consacriez l'abolition de la royauté. »

A ces paroles électriques, la Convention se lève tout entière et décrète, par acclamation, la proposition de Grégoire. Bazire, un autre centre-gauche, demande que la discussion s'ouvre. Il s'attire de l'abbé Grégoire cette foudroyante apostrophe, qui donne bien le ton du diapason auquel étaient montés les esprits :

Grégoire. — « Oh ! qu'est-il besoin de discuter, quand tout le monde est d'accord ? Les rois sont dans l'ordre moral ce que les monstres sont dans l'ordre physique. Les cours sont l'atelier des crimes et la tanière des tyrans. L'histoire des rois est le martyrologe des nations.

« Dès que nous sommes tous également pénétrés de cette vérité, qu'est-il besoin de discuter ? Je demande que ma proposition soit mise aux voix, sauf à la rédiger ensuite avec un considérant digne de la solennité de ce décret. »

Ducos, venant à la rescousse, répond admirablement :

— « Le considérant de votre décret, ce sera l'histoire des

crimes de Louis XVI, histoire déja trop bien connue du peuple français. Je demande donc qu'il soit rédigé dans les termes les plus simples ; il n'a pas besoin d'explication après les lumières qu'a répandues la Journée du 10 Août. »

La discussion est close. Il se fait un profond silence. La proposition de Grégoire, mise aux voix, est adoptée au milieu des plus vifs applaudissements. En voici la teneur :

— *La Convention Nationale décrète que la Royauté est abolie en France.*

IV

La fin d'une Séance célèbre

Voici, d'après le *Moniteur*, la fin de cette séance dont le souvenir ne périra jamais :

« Les acclamations de joie, les cris de : vive la Nation ! répétés par tous les spectateurs, se prolongent pendant plusieurs instants.

« Cent cinquante chasseurs, organisés en compagnie franche, sont admis dans la salle. Ils entrent au son de la trompe militaire, et jurent sur leurs armes de ne revenir qu'après avoir triomphé de tous les ennemis de la liberté et de l'égalité.

« **M. le Président.** — Citoyens, l'Assemblée nationale, confiante en votre courage, reçoit vos serments. La liberté de votre patrie sera la récompense de vos efforts. Pendant que vous la défendrez par la force de vos armes, la Convention nationale la défendra par la force des lois La royauté est abolie ! (*Il s'élève des applaudissements universels.*)

« Les jeunes guerriers républicains réitèrent avec une nouvelle énergie le serment de défendre jusqu'à la mort la liberté et l'égalité ; ils offrent, par un mouvement spontané, deux journées de leur solde.

« L'Assemblée reçoit leur hommage et leur permet de défiler. La séance est levée à quatre heures. »

V

Grandeur du Passé

L'Ascendant moral. Mirabeau, Danton Robespierre

Nous avons laissé parler eux-mêmes les héros de ce grand jour. Leurs mâles accents ne peuvent qu'affermir la foi républicaine et révolutionnaire de ceux qui luttent pour les principes.

L'étude, le spectacle des discussions politiques de notre temps ne nous offrent que faiblesse dans les caractères, vénalité dans les consciences, stérilité dans les résultats, oppression sous toutes les formes, des petits, des humbles, par la riche Bourgeoisie, coalisée en syndicats, et écrasant les prolétaires sous le poids de ses capitaux anonymes. La tyrannie de la Noblesse et du Clergé d'autrefois était abominable. La tyrannie capitaliste d'aujourd'hui ne l'est pas moins.

L'ouvrier des villes, broyé par un travail accablant et par la misère; le paysan de nos vallées, les bras croisés devant son champ qui ne suffit plus à le nourrir, lui et les siens, peuvent adresser à la Révolution la plainte qu'Alfred de Musset adressait au Christ :

> Nous sommes aussi vieux qu'au jour de ta naissance,
> Nous attendons autant, nous avons plus perdu !
> Plus livide et plus froid, dans son cercueil immense,
> Pour la seconde fois Lazare est étendu !

Il est donc nécessaire, pour réconforter son âme et

réjouir son cœur, de retourner la tête vers un passé glorieux, et de saluer des hommes qui furent les vrais amis du peuple, puisqu'ils l'émancipèrent, et qui se dressent devant nous, en cet anniversaire du 22 Septembre, comme l'incarnation admirable de l'ascendant moral, et comme des représentants extraordinaires de la volonté et de l'énergie humaine.

L'ascendant moral ! — C'est là ce qui fait leur magie et leur gloire, et c'est la source de l'admiration dont la France, dont les penseurs et les justiciers des deux mondes entourent leurs souvenirs, depuis l'aurore brillante de leur carrière, à l'ouverture des États Généraux et le Serment du Jeu de Paume, jusqu'au 9 Thermidor, date fatale où, selon le mot d'un survivant « la Montagne était sous un nuage. »

Tous eurent l'allure imposante qui fait les grands hommes, et qui mérite, pour l'avenir, les honneurs du bronze.

Mirabeau, à ses débuts, se revêt d'ascendant moral par son génie oratoire, qui déchaîne la Révolution. Qu'on se rappelle l'apostrophe sublime dont il souffléta les nobles et les prêtres, qui aboyaient après ses talons ! Nous ne pouvons résister au plaisir de la citer ici.

« Dans tous les pays, dans tous les âges, leur disait-il, les aristocrates ont implacablement poursuivi les amis du peuple ; et si, par je ne sais quelle combinaison de la fortune, il s'en est élevé quelqu'un dans leur sein, c'est celui-là surtout qu'ils ont frappé, avides qu'ils étaient d'inspirer la terreur par le choix de la victime. Ainsi périt le dernier des Gracques de la main des Patriciens ; mais, atteint du coup mortel, il lança de la poussière vers le ciel, en attestant les dieux vengeurs, et de cette poussière naquit Marius : Marius, moins grand pour avoir exterminé les Cimbres, que pour avoir abattu dans Rome l'aristocratie de la noblesse ! »

Ce n'est pas Henri Rochefort, proscrit par la République, dont il est un des plus courageux fondateurs, qui opposera un démenti à Mirabeau.

Danton acquiert l'ascendant moral par son audace, son patriotisme enflammé, sa vigueur de tribun ; Vergniaud par l'harmonie de ses beaux discours, la poésie de ses images, la noblesse de ses idées ; Saint-Just par sa netteté dans l'action révolutionnaire, son activité dévorante, son style lapidaire, le stoïcisme étonnant de sa jeunesse ; Marat par sa vigilance et sa clairvoyance, les persécutions dont il est l'objet, son besoin incessant de justice ; enfin Robespierre par l'incorruptibilité de ses mœurs, son élégante simplicité, son courage civil, l'unité de sa pensée, son amour des humbles, le respect de lui-même, sa sérénité philosophique digne de Platon et de Lucrèce, son désintéressement admirable, aussi éloquent que sa parole... On trouva chez lui, à sa mort, en 1794, la somme de neuf francs, et des mandats de député remontant jusqu'à l'Assemblée Nationale (1789) et qu'il avait oublié de toucher.

De nos jours, Delescluze et Blanqui ont vécu et sont morts, entourés d'ascendant moral. La mort de Delescluze est d'un héros, la vie de Blanqui est d'un stoïcien, d'un Zénon, d'un Epictète.

VI

Les Temps présents
Où sont nos grands Hommes !
Henri Rochefort, L'Amnistie

Pour honorer dignement tous ces morts illustres, pour parler d'eux avec l'autorité que donnent seuls l'inflexible énergie des convictions, et un dévouement absolu à la cause populaire, pour mettre en relief, avec une éloquence géniale, cette Fête Nationale du 22 Septembre, qui va se lever à la Chambre, au Sénat, sur les bancs du Gouvernement ?

Où est l'ascendant moral ? Qui le personnifie ?

Nous lisons dans le programme de la Fête, la note suivante : « En vertu d'une décision du Conseil municipal de Paris, les statues commémoratives des patriotes et des grands hommes républicains doivent être décorées et illuminées : Danton, Voltaire, Diderot, Rousseau, Hoche, Marceau, Kléber seront entourés de guirlandes de fleurs, et la nuit de cordons de feu. »

Nous applaudissons à cet hommage, mais quel tribun aux mains pures saluera, au nom du Gouvernement de la République, ce puissant Danton, qui fut ministre de la justice ? Quel philosophe parlera de Diderot et de Voltaire ? Quel penseur exaltera Jean-Jacques Rousseau, génie sublime dont le souffle ardent engendra la Convention ? Qui, parmi nos chefs d'armée, dira la fougue de Kléber, l'intrépidité de Marceau, la vaillance de Hoche ?

Vous allez, ô maîtres du jour, promener dans Paris des chars allégoriques, qui partiront de la Bastille, traverseront simultanément nos boulevards, sur les deux rives de la Seine, le vieux fleuve débonnaire, puis se rejoindront sur la place de la Concorde, qui fut témoin de tant de scènes tumultueuses.

L'un doit personnifier le dix-huitième siècle, les Poètes, les Penseurs, les Littérateurs, les Philosophes qui ont préparé la Révolution ; l'autre sera le char de la *Marseillaise* ; celui-ci rappellera le *Chant du Départ*, celui-là l'*Apothéose de la République* et le *Triomphe de la Ville de Paris* ; le dernier enfin se nommera le char de la Concorde, du Travail et de la Paix.

Dans des cortèges historiques vont figurer des Volontaires de la grande époque, des cavaliers et des fantassins de Valmy, le monument de Kellermann, des musiques civiles et guerrières, des fifres et des tambours comme autrefois..... bref tout l'entraînement des jours héroïques, qui font « notre orgueil et notre gloire... »

Certes, ce sont là de touchants et d'admirables symboles, propres à réveiller des souvenirs grandioses, mais ne craignez-vous pas, Messieurs du Gouvernement, qu'ils ne provoquent en même temps, dans la mémoire des Français, de tristes rapprochements, et des comparaisons désolées.

Combien ce char de la Concorde, du Travail et de la Paix soulèverait d'admirations et d'applaudissements, s'il était la consécration d'une large amnistie, s'il annonçait que Rochefort, ce maître du Journalisme contemporain, est rentré dans notre Paris dont il est un des fils les plus glorieux ; s'il annonçait encore que Culine, nouvel élu du peuple, et tant d'autres détenus politiques,

rendus enfin à la liberté, peuvent fêter la grandeur de
la Convention, et choquer fraternellement leurs verres,
au milieu de leurs amis et de leurs proches, entourés
de leurs femmes et de leurs enfants !

O cœurs endurcis ! O politiciens sans générosité ! O
funèbres égoïstes ! qui semblez redouter l'amour du
peuple français ; vous n'avez donc jamais médité sur cette
parole de Robespierre : « Tout le corps social souffre, si un
seul de ses membres subit une injustice. »

Et le char de l'*Apothéose de la République!* — Qu'il aurait
d'éloquence, s'il consacrait d'heureuses réalités, l'épar-
gne et la bonne gestion dans nos finances ; l'impôt réor-
ganisé, atteignant la fortune et épargnant le pauvre ;
la magistrature épurée — jamais tâche ne fut plus
impérieusement nécessaire — le respect du Suffrage universel, flagorné si bassement la veille du scrutin, et, le
lendemain, bafoué avec tant de cynisme !....

Ah ! comme le peuple des faubourgs, comme les bons
citoyens de toutes les classes de la société jetteraient de
grand cœur des bouquets de fleurs sur ce char triomphal,
s'il nous apportait l'abolition du cumul des fonctions, s'il
nous disait : le droit d'association est proclamé ; le tra-
vailleur et le capitaliste sont égaux devant la loi ; l'ouvrier dorénavant recevra le produit intégral de son labeur ;
enfin le privilège de la richesse est détruit dans l'ordre
économique, comme le privilège de la naissance l'a été
dans l'ordre civil ; l'œuvre, commencée par la Convention, est terminée ; Français, émancipés de la misère
et de l'ignorance, que vos chants d'allégresse célèbrent
sans arrière-pensée cet apothéose de la véritable République !

VII

De l'Audace et en Avant!

« Les abus, disait Saint-Just à la tribune, disparaissent un moment, comme l'humidité de la terre s'évapore ; les abus renaissent bientôt, comme l'humidité retombe des nuages. La Révolution commence, quand le tyran finit. »

Vérité fatale, hélas ! trop confirmée par les ignominies de l'heure présente, qu'il nous appartient de faire cesser !

Le Gouvernement, les ministres, les pouvoirs publics, Chambre et Sénat, doivent se rendre, en grande solennité, au Panthéon, le 22 Septembre. Auront-ils là, du moins, le sentiment exact des souffrances de la Nation, et des colères qui l'animent ?

Puissent les ombres de Voltaire, de Jean-Jacques Rousseau et de Victor Hugo, qui errent sous les voûtes glorieuses de ce temple, leur en rappeler la saisissante image !

Malgré le fardeau de misère qui t'accable, ô Peuple, médite sur les beaux exemples de vertu civique et d'énergie, que nous ont légués les Conventionnels ! Interroge-les dans la tombe ! Évoque leurs figures austères ! Ils réveilleront en toi toutes les fibres de la Liberté et de la Justice immortelle, ils éclaireront ta raison, ils exalteront ton âme, et la France encore étonnera le monde par son audace, ses rébellions sublimes, sa grandeur et son génie !

HIPPOLYTE BUFFENOIR.

APPENDICE

Nous croyons devoir compléter notre Étude sur le 22 Septembre en reproduisant quelques vers, *Regrets civiques*, publiés en 1881 et conçus dans le même ordre d'idées qui nous anime aujourd'hui.

Ce que nous pensions, il y a dix ans, nous le pensons encore. Le temps et l'expérience n'ont fait que nous fortifier dans nos préférences, et dans nos convictions sociales. Nous n'avons pas changé d'une ligne, ni reculé d'une semelle, et l'Idéal démocratique de notre première jeunesse, excite en nous, à mesure que nous avançons dans la vie, et que nous connaissons mieux notre époque, une consolation plus intime, et un enthousiasme plus ferme.

Les jours, les mois, les années vieillissent les hommes, mais ils ne sauraient entamer la fraîcheur et l'éclat des vérités, des axiomes, des vertus de la vraie République, asile pur et inviolable du Penseur, au milieu de la décrépitude et de la décadence générales.

A ces *Regrets civiques*, nous ajoutons un *Hommage à Jean-Jacques Rousseau*, le novateur hardi, l'admirable écrivain l'ami de la nature et de la vérité, le théoricien des Droits populaires, le père incontesté de la Convention, le vaste génie qui sut formuler toutes les revendications des temps modernes, et prêter la flamme de son cœur à toutes les révoltes des prolétaires.

Enfin, nous terminons cet Opuscule par quelques citations, empruntées à de grands esprits, et pouvant jeter quelque clarté sur les problèmes économiques de la fin du dix-neuvième siècle, qu'on peut résoudre d'un mot : *la conquête de l'égalité sociale*.

I

Les Regrets civiques

Je regrette le temps du fougueux Mirabeau,
De Danton, de Saint-Just, aux gestes athlétiques...
Où donc est la Montagne ? Où donc est le flambeau
De la Raison brisant les sceptres despotiques ?

Sont-ils donc pour toujours descendus au tombeau,
Ces fiers républicains, ces cœurs patriotiques,
Entraînant avec eux vers les splendeurs du Beau
Les peuples enivrés de leurs élans stoïques ?

Où sont les escadrons vainqueurs de l'étranger ?
Où donc est la tribune où montait Robespierre,
Où Vergniaud proclamait la Patrie en danger ?

De ces illustres morts qui va lever la pierre ?
Qui va faire surgir tous ces grands citoyens ?
Qui va ressusciter l'âme des temps anciens ?

II

Hommage à Jean-Jacques Rousseau

I

Comme un Libérateur, rayonnant de génie,
Qui vient pour accomplir d'héroïques travaux,
Jean-Jacques, sans trembler devant la calomnie,
Avide de Beauté, de Gloire, d'Harmonie,
Apparaît, et se dresse au seuil des Temps nouveaux !

De ses mâles accents, de ses combats sans trêve,
Qui pourrait oublier le fécond souvenir ?
Quelle Ame n'a senti sa chaleur et sa sève ?
Quel regard, fasciné par l'éclat de son rêve,
N'a vu plus lumineux les jours de l'Avenir ?

Quand le Peuple, courbé sous un vil esclavage,
Résolut de briser sa longue oppression,
C'est au nom de Rousseau, c'est devant son image
Qu'il proclama la fin de l'antique servage,
Et que, stoïque, il fit la Révolution !

Son ardente Pensée activa les colères
De la France éblouie, entrevoyant ses Droits,
Et, par elle inspirés, les Tribuns populaires
Surent anéantir les abus séculaires
Qui nous avaient, hélas ! écrasés sous leur poids !

Il fut, il est encor, il restera sans cesse
L'Ami des Justiciers et des Réformateurs !...
Tel le divin Platon, enseignant la Sagesse,
Il possède à jamais l'immortelle Jeunesse,
Qui charme les Esprits et qui séduit les Cœurs !

II

Ce n'est point seulement par sa Raison puissante,
Élevant des autels au Droit ressuscité,
Que Jean-Jacques Rousseau, Lumière éblouissante,
S'impose à notre Race, à peine renaissante
Des maux qu'elle a soufferts, du joug qu'elle a porté !

Il est aussi l'ami fervent de la Nature,
Le peintre sans rival de ses mille trésors,
De ses champs, de ses bois à la frêle verdure,
De ses eaux arrosant avec un frais murmure
Les arbres et les fleurs répandus sur leurs bords !

Qui chanta, mieux que lui, les grâces de l'Aurore,
La joie et le frisson du Jour, à son réveil,
Les splendeurs qu'une nuit de printemps fait éclore,
Toute la Vie enfin d'un rivage sonore
Illuminé d'Amour, et rempli de Soleil ?

L'Amour ! — Ah ! qui jamais, ivre de sa folie,
A su mieux le décrire, et l'a mieux célébré
Dans ses fougueux transports, et sa mélancolie,
Dans son espoir, tremblant comme un roseau qui plie,
Dans ses aveux naïfs, et son trouble adoré ?

Que de fois j'ai relu la Page incomparable
Où d'une main baisée il dit la Volupté,
Et peint si noblement le bonheur ineffable
Dont frémit l'Etre entier, quand une Femme aimable,
S'attendrit de nous voir admirer sa beauté !...

III

Et pourtant, ô grand Homme, étincelant Génie,
Malgré tes généreux et bienfaisants Labeurs,
Quelques esprits chagrins conservent la manie
De ne parler de toi qu'avec ignominie,
Et de te reprocher l'aveu de tes malheurs !

Ecrivains malveillants, sans idée et sans style,
Femmes poussant des cris de lugubre Impudeur,
Ils espèrent troubler, de leur rage stérile,
Le Temple vénéré, le poétique Asyle,
Où la Foule pensive évoque ta grandeur !

Mais leur fureur expire au pied de la statue
Dont Genève et Paris ont voulu t'honorer !
Le Peuple, enorgueilli de l'entrave abattue,
Te donne, chaque jour, la Gloire qui t'est due,
En ne cherchant ton nom, qu'afin de l'admirer !

Nous sommes tous les Fils de ton Intelligence!...
Nous nous reconnaissons dans tes récits charmants,
Et retrouvons en eux, avec surabondance,
Nos désirs les plus chers, nos vœux d'indépendance,
Nos faiblesses sans nombre, et nos secrets tourments!

Nous t'aimons, ô Rousseau, du meilleur de notre âme,
Et ne comprenons point qu'on ose t'outrager,
Parce que ton Destin fut pareil à la flamme,
Et qu'en toi tout nous dit, nous révèle, et proclame
Que jamais rien d'Humain ne te fut étranger !

HIPPOLYTE BUFFENOIR.

III

Conquête de l'Égalité sociale

I — « Tandis qu'une grande partie de la nation languit dans la pauvreté, l'opprobre et le travail, l'autre qui abonde en honneurs, en commodités, en plaisirs, ne se lasse pas d'admirer le pouvoir de la politique, qui fait fleurir les arts et le commerce, et rend les états redoutables. »

VAUVENARGUES (1745).

II — « Il est aussi atroce qu'absurde de voir les uns regorger de superflu et les autres manquer du nécessaire. »

D'ALEMBERT (1760).

III — « Je demande quel grand présent c'est que la liberté dans un pays où le gouvernement n'a pas pourvu à la subsistance de chaque citoyen, et permet à un luxe scandaleux de sacrifier des millions d'hommes à de frivoles besoins ?

« Ne sentez-vous pas que, esclaves de la pauvreté, vous n'êtes libres que de nom, et que vous regarderez comme une faveur du ciel qu'un maître veuille bien vous recueillir ? La nécessité, plus puissante que des lois inutiles, qui vous déclarent libres, vous rendra esclaves. »

MABLY (1780).

IV. — « La société telle qu'elle est aujourd'hui doit cesser d'exister. A mesure que l'instruction descend dans les classes inférieures, celles-ci découvrent la plaie secrète qui ronge l'ordre social depuis le commencement du monde, plaie qui est la cause de tous les malaises et de toutes les agitations populaires.

« Recomposez, si vous le pouvez, les fictions aristocratiques; essayez de persuader au pauvre, quand il saura lire, au pauvre à qui la parole est portée chaque jour par la presse, de ville en ville, de village en village, essayez de persuader à ce pauvre, possédant les mêmes lumières et la même intelligence que vous, qu'il doit se soumettre à toutes les privations, tandis que tel homme, son voisin, a, *sans travail*, mille fois le superflu de la vie; vos efforts seront inutiles; ne demandez point à la foule des vertus au delà de la nature.....

« Quand les barrières fiscales et commerciales auront été abolies entre les divers États, comme elles le sont entre les provinces d'un même Etat; lorsque le *salaire*, qui n'est que l'*esclavage* prolongé se sera émancipé à l'aide de l'égalité établie entre le producteur et le consommateur; quand les divers pays, prenant les mœurs les uns des autres, abandonneront les préjugés nationaux, les vieilles idées de supériorité et de conquête, et tendront à l'unité des peuples, *par quel moyen ferez-vous rétrograder la société vers des principes épuisés ?...*

« Un avenir sera, un avenir puissant, libre dans la *plénitude de l'égalité sociale...* »

CHATEAUBRIAND (1840).

V — « Je ne reconnais ni comme juste, ni comme bon un état de société dans lequel il existe une classe qui ne travaille pas, dans lequel il y a des êtres humains qui, sans être incapables de travail, et sans avoir acheté le repos par un travail antérieur, sont exempts de participer aux travaux qui incombent à l'espèce humaine.

« Malgré l'influence que peuvent avoir une instruction meilleure et plus forte des classes laborieuses, et des lois justes pour modifier à l'avantage des travailleurs la distribution des produits, je r.e puis croire qu'ils se contentent toujours de l'état de salariés, et qu'ils l'acceptent comme condition définitive. Ils peuvent consentir à passer par la condition des salariés, mais non à rester toute leur vie salariés.

« Dans l'état actuel de l'humanité, lorsque les idées d'égalité

s'étendent chaque jour dans les classes laborieuses, et *ne peu-*
vent être arrêtées que par la suppression absolue de toute
liberté de discussion écrite et même verbale, on ne peut plus
espérer de maintenir la division de l'humanité en deux classes
héréditaires *de patrons et de salariés...*

Stuart Mill.

L'autorité d'écrivains, de penseurs paisibles comme Vauvenargues, Mably, d'Alembert, Chateaubriand, l'économiste Stuart
Mill, ne saurait être suspecte. Nous les avons choisis et cités
à dessein.

Aucun agitateur de profession n'a préconisé avec plus de
hardiesse, avec plus de violence même, l'avénement nécessaire
d'une nouvelle Révolution.

L'avenir — et un avenir prochain, mille rumeurs l'indiquent
— appartient à une République qui donnera à chacun l'égalité
sociale, sans laquelle l'égalité politique n'est qu'un leurre et
une sanglante ironie.

Paris, 10 Septembre 1892.

TABLE DES MATIÈRES

Imp. Pairault & Cie, 3, passage Nollet, Paris.

ŒUVRES

DE

HIPPOLYTE BUFFENOIR

SOUS PRESSE

LE MIRABEAU

Journal Hebdomadaire (3me année)

Politique et Littéraire.

Imp. Pairault & Cie, 3, passage Nollet, Paris.